셋

셋동인 시집 제4집

한강

머리말

셋동인이 문집을 네 번째로 내게 되었습니다.

이 모든 것이 하나님의 은혜로 된 것이지요. 인간의 의지로 이루어진다고 생각하는 것들이 사실 모두 하나님의 섭리 안에서 이루어진다는 것을 깨닫기가 그리 간단치 않지요. 이것을 깨닫게 된다는 것이 곧 나이가 들었다는 뜻이겠지요.

나이가 든다는 것이 꼭 서글프거나 불쌍한 것만은 아닌 것이, 나이가 듦으로써 비로소 깨닫는 바도 있기 때문이지요. 우리 셋동인들만 보더라도 나이가 드신 분들이 많지만 하나같이 삶이 귀감이 되는 분들입니다. 후학으로서 뿌듯한 마음을 금할 수가 없습니다.

요즘 단풍들이 보통 때보다 더 아름답게 느껴지는 것이 더욱 나이에 대한 연륜을 귀하게 여기는 탓이라 생각해 봅

ㅣ다.

셋의 나이가 만 네 살이 되었습니다. 이제는 미운 짓을 할 때도 된 나이지만 스스로의 정체성을 가질 나이가 되었습니다. 동인 여러분들의 문필 활동이 더욱 빛날 것을 기대합니다.

2022년 겨울의 길목에서
셋 동인회장 정태호

셋동인 시집 제4집 | 셋

□ 머리말

정순영   푸르른 날에는_13
지는 꽃이 참 아름다웁네_14
유산_15
참빛의 비췸으로_16
내 안에 오시어_17
사유_18
들림_19

정태호   면도_23
산수유_24
가을_25
향단의 꿈_26
수석 묵시록_27
본향_28
내 자리_29

주광일   겨울 엽서·1_33
　　　　　겨울 엽서·2_34
　　　　　겨울 엽서·3_35
　　　　　겨울 엽서·4_37
　　　　　겨울 엽서·5_39
　　　　　겨울 엽서·6_40
　　　　　겨울 엽서·7_42

이상정   사랑으로 존재한다_45
　　　　　뱀 주사위 놀이_46
　　　　　숨은그림찾기_47
　　　　　슬픈 인사_48
　　　　　아웃사이더_49
　　　　　거울 속 너는 누군가_50
　　　　　슬픈 자화상, 천경자_51

조덕혜   겨울 풀잎·1_55
　　　　　겨울 풀잎·2_56
　　　　　겨울 풀잎·3_57
　　　　　달의 연서_58
　　　　　외로움은_59
　　　　　큰 복_60
　　　　　깨끗하게 하옵소서_61

도경회   수선화_65
　　　　　안부_66
　　　　　은하에_67
　　　　　연등빛 저녁_69
　　　　　낙화_70
　　　　　서성이는_72
　　　　　까마중_73

셋동인 시집 제4집 | *차례*

이영하 바람은 길동무_77
연리지 사랑나무_80
비상_83
안개_84
하늘이 옷을 입었네_86

유경희 마정산 꼭대기 샘물 되신 이여_91
그 카페에선 사람 냄새가 난다_94
불면증_96
나는 더 이상 젖지 않는다_98
다시 태어난다면_100

| 셋동인 시집 제4집 | 셋

조국형 백일홍 사랑_105
   퇴직 공직자 단상_106
   몽골리아_107
   바람막이_109
   우리 마을_110

민병일 봄 동무_115
   누나_116
   입동_117
   시온의 노래_118
   유월의 창_119
   초록 벤치_120
   나를 사랑하느냐_121

□ 셋동인 주소록

1974년 《풀과 별》(이동주, 정완영) 추천 완료. 시집 『시는 꽃인가』, 『사랑』 외 7권. 부산문학상, 봉생문화상, 한국시학상, 현대문학 100주년 기념문학상, 세종문화예술 대상 외 다수 수상. 부산시인협회 회장, 한국자유문인협회 회장, 국제PEN 한국본부 부이사장, 동명대학교 총장, 세종대학교 석좌교수 역임. 경기시인협회 부이사장.

푸르른 날에는
지는 꽃이 참 아름다웁네
유산遺産
참빛의 비침으로
내 안에 오시어
사유思惟
들림

정 순 영

푸르른 날에는

하얀 모시 치마저고리 날아갈 듯
푸르른 날에는

해파랑 하늘을 한 움큼 따서
영혼을 흠뻑 적시고

내 안에서부터 해맑게 흐르는 시냇물 소리
사랑하라 사랑하라

이름도 목숨도 다 내어 주어라

사랑으로 내 안에 하늘 이슬이 고이는
푸르른 날에는

지는 꽃이 참 아름다웁네

하늘에서 난 것이니
세상엣것은 모두 하늘의 것이라

제 속엣것으로
온 맵시와 빛깔로 피었다가

제 숨을 다하여
바람에 날리며 감사하는 꽃

하늘에서 난 것이니
하늘에로 돌아가는 뒷모습이 참 아름다웁네

유산 遺産

밥을 먹고 난 뒤
빈 밥그릇과 아내의 얼굴을 힐긋 보는 버릇이 있다
밥 한 톨이 농부의 수고와 땀방울이라는 아버지의 말씀에
어릴 적부터 밥을 먹고 나면 밥 한 톨 남기지 않은 빈 밥그릇으로 아버지의 눈치를 보았기 때문이다

아이들에게는 밥을 먹기 전에 감사기도 하는 비릇을 물려주었다
아이들의 아이들도 밥상 앞에서는 다소곳이 감사기도 하는 버릇을 이어받고 있다

아침이면
새 하루를 주신 이에게 감사하는 버릇이 있다
눈에 보이지 않는 사랑으로
눈에 보이는 생명을 숨 쉬게 한 이에게 감사하는 버릇이
세상의 꾐과 고난을 이겨내게 한다

날마다 새 생명을 주신 이에게 감사기도 하는 버릇을
아이들과 아이들의 아이들에게도 물려주었다

참빛의 비췸으로

영원으로부터 와서
영원으로 돌아가네

흙에서 와서
고난의 비바람 속에서 아파하고 슬퍼하다가
흙으로 돌아가는
쫄밋거리는 인생의 영혼에
참빛의 비췸으로
눈부신 하늘빛 세마포에 휘감기어
깃털보다 더 가벼운 들림으로 본향에 돌아가네

내 안에 오시어

내 안에 오시어 나를 살리시네
세상에서 들숨 날숨이 어수선할 때
하늘 한 움큼 먹여 주시네

내 안에 오시어 나를 깨우시네
세상살이 게으름이 하늘을 가릴 때
산만한 안개를 걷어 주시네

내 안에 오시어 나를 이끄시네
세상 바람에 비틀거리며 헤매일 때
하늘빛 한줄기 길을 밝혀 주시네

〈후렴〉
하늘 숨을 쉬어라 내가 먹여 주리니
은혜 숨을 쉬어라 내가 다시 오리니

사유 思惟
— 화개골에 들어서

물길을 거슬러
골 깊은 계곡에 드니

산자락 바람처럼
사유가 글 골을 철썩이네

행간의 에움길 따라
산허리에 구름이 흐르니

세상 소리 씻은
사유가 우주를 유영遊泳하네

들림

친구여 우리 같이 가지 않으련?

비 온 뒤 은혜로운 햇빛으로 순박하게 움튼
천진난만한 새순으로
아픈 날에는 서로 눈물로 위로하고
찬 서리 갈대밭에서는 바람으로 흐느끼면서
고난의 매를 갈다가

친구여 우리 데려감을 당하지 않으련?

알몸으로 세상에 태어나 무서워서 얻어 입은
욕망의 넝마를 홀랑 벗고
하늘을 울리는 거룩한 말씀의 밧줄을 붙잡고
눈부신 세마포에 휘감기어 오르는
낙원으로

친구여 우리 같이 가지 않으련?

1987년 《시와 의식》 등단. 시집 『풀은 누워야 산다』(2017), 『창세기』(2019) 외 3권. 수필집 『무지의 소치로소이다』. 한국문학비평가협회 작가상, 주간 한국문학신문 대상, 경기PEN문학 대상 외 다수 수상. 국제PEN 한국본부 경기지역위원회 회장. 서울시인협회 부회장. 한국경기시인협회 이사. 계간 《한국시원》 운영이사. 한국문인협회원. 셋 동인회장

면도
산수유
가을
향단의 꿈
수석 묵시록
본향
내 자리

정 태 호

면도

남자 구실하는 사람이라면
수염은 제 손으로 깎을 터
십 년을 제 손으로 수염을 깎지 않았다면
믿는 사람이 없다.
우연히 아내가 해준 면도가 너무 좋아서
설불리 뱉어 버린 신혼 초의 남아일언중천금.
"사랑하는 한, 내 손으로는 면도를 않겠노라"
후회로 다가온 것은 지방 발령.
주말 부부 와중에 약속 이행은 이발사의 손을 빌려 지켰어도
금전적 낭비야 눈물을 머금고 10년을 버티었는데
중동 열사의 나라 해외 발령에 결국 두 손 들었다.
얄팍한 속내는
용서를 빌고 물리었지만
인생의 숨비소리가 들리는
고희를 넘긴 지금
추억인지 자랑인지?

산수유

지리산 구례마을 골골이 산수유꽃
가지마다 노란 꽃길 봄소식 절로 절로
사르르 눈 녹는 소리 風流歲月 武陵景

가을

이렇게
맑고 보송보송 시원할 수가 있었는데
그렇게 눅눅하고 꿉꿉하였더란 말인가

깨끗한 용서가 하늘인데
반짝이는 사랑이 하늘 그것 맞는데
파아란 감사도 하늘 바로 그것이제

고추잠자리 메밀잠자리
허공에서 미소로 맴돌면
싯누런 들판에서 황소가 느릿느릿
게으른 걸음으로 오고 있네.

정태호

향단의 꿈

기생 딸 아씨 마님 성춘향 몸종 되어
어디든 따라나서 청춘을 살랐더니
마님은 서방님 따라 정경부인 됐는데

몸종 된 내 신세는 한 사내 사모해도
아무도 관심 없고 신경 쓸 틈도 없어
방자만 내 맘을 아니 무슨 불평하리오

우리도 사람이라 아들 딸 낳고 싶어
따로 된 집안 살림 단 둘이 꾸리고자
남 몰래 바라는 마음 추풍 아래 설레네.

수석 묵시록

사랑을 깨뜨릴라 미움을 깨뜨릴라
눈물의 씨앗인들 운석의 씨앗인들
테레비 탁자 위 놓인 수석 한 점 사랑 꿈

묵직한 오석 하나 속마음 들킬까 봐
혼돈의 침묵 속에 욕망을 눌러 잡아
가만히 씨 맺는 열매 광명체로 비춘다.

창조의 어두웠던 그날 밤, 그날 너는
우주로 도망쳐서 외롭게 머물다가
돌아와 복음 전하는 뉘우침의 속삭임

사랑이 믿음 되어 사랑이 소망 되어
향기로 빈 틈 메워 내 삶을 풀어내면
아버지 부르는 기도 가슴속에 머문다.

본향

가자! 이니스프리 호수의 섬 아닌
그곳으로
윤슬※ 일렁이는 그리움에 눈물 익어 가는 노을 빛나던
먼 길 고샅※ 돌담길 돌아
새소리 바람 소리 달래주는 여치 날갯짓으로
나부끼는 풀잎의 속살 비치는
부끄럼은 숨결처럼 별빛에 녹아들고
기품 있는 고독이 유년의 기쁨으로 이끌리는
물고기 떼 숨어 노닐던
못가 오두막 외딴집으로
가자! 세미한 음성이 자장가로 부르시던
할머니 무르팍에 잠들었던
창조의 묵은지 묻어 둔 뒷마당 그곳으로.

※윤슬: 햇빛이나 달빛에 비치어 반짝이는 잔물결을 이르는 순우리말
※고샅: 마을의 좁은 길목, 고샅은 '좁은 골짜기'를 뜻하는 순우리말

내 자리

의자는 차지하고 있는데
내가 앉는 자리인데
바람이 밀친다.
별빛이 일으켜 세운다.
낮이면 햇볕마저 거스른다.
버릴 수 있는 자리도 아닌데
타의에 밀려나는 것은
용서가 안 되네
고집이 아니라서 스스로 깨닫는 자존
필히 지키리라 나의 자리
내가 원하는 방식으로

1992년 시집 『저녁 노을 속의 종소리』로 시작 활동. 시집 『유형지로부터의 편지』, 『당신과 세월』. 가장 문학적인 검사상(한국문협), 순수문학상 대상 수상. 변호사(한국·미국 워싱턴 D.C.). 서울대 법학박사. 미국 노스웨스턴대 법학석사. 일본 게이오대 방문연구원. 전 국민고충처리위원장. 전 서울고등검찰청 검사장. 전 사법연수원 교수. 전 세종대 석좌교수. 국제PEN 한국본부, 한국문인협회, 서울시인협회, 한국경기시인협회 회원

겨울 엽서·1
겨울 엽서·2
겨울 엽서·3
겨울 엽서·4
겨울 엽서·5
겨울 엽서·6
겨울 엽서·7

주광일

겨울 엽서 · 1

시베리아 바람이
심술궂은 장군처럼 덮쳐 오는 계절에,

징글벨 리듬은 우리에게
주님의 탄생과 부활을 기억하며
꽁꽁 언 설움을 녹이라고
속삭이고 있지만,

겨울 하늘은 가을 하늘보다
더욱더 가깝게
더욱더 차갑게
우리들의 뺨 위에 내려앉는구나.

그저 눈꽃 한 송이
만나고 싶어 하는
우리의 등을
더욱더 시리게 하는구나.

겨울 엽서 · 2

올해 가을 내내
집 밖으로 나가지 않았네.
붉은 낙엽 지던 산길 한번
걷질 못했네.
내가 세상을 버린 것이 아니라
코로나19가 발호하는 세상이
나를 버린 것이네.
겨울이 왔음을 알게 한 것은
어제 내린 첫눈이었네.
반갑게 첫눈을 맞이할 수
있었던 까닭은,
내가 아직도
봄 처녀 아름다운
내년 봄 3월을 기다리고
있기 때문이라네.

겨울 엽서 · 3

온종일 방에 콕 박혀
책을 읽다 보면
하루해가 짧은
요즈음이네.

마침 오늘은 동짓날,
1년 중 낮이
가장 짧은 날이어서
책도 많이 읽지 못하였네.

젊은 시절엔
낮에 일하고
밤에 책을 읽었는데,

요즈음은
낮에 책 읽고
밤엔 되도록 쉰다네.

아, 늘그막에

낮엔 일 없어 책만 읽고
밤엔 느긋하게 쉬는 나는
얼마나 운 좋은 사내인가!

겨울 엽서 · 4

코로나19 마스크가 없더라도
코가 꽉 막혀 숨쉬기 어려운 나에게도
겨울이 오고, 첫눈도 내리고,
2021년의 크리스마스이브도 찾아왔습니다.

그런데 이것이 어찌 된 일인가요?
온 누리에 울려 퍼지는 올해의 성탄 축하곡에는
어딘가 옛날 옛적에 망해 없어져 버린 나라의
오래된 한恨이 스며들어 있는 것 같이,
내 귀에 들립니다.

늘그막에도 귀만은 멀쩡해서 늘
다행으로 알았는데, 무슨 까닭으로
성탄 축하 노래에 슬픈 곡조曲調가
있는 듯이 느껴지는 것일까요?
내 귀가 아파지기 시작한 것일까요?
아니면 내 마음에 병이 생긴 것일까요?

아무리 곰곰이 생각해 보아도

나로서는 그 까닭을 알 수 없는데,
서울의 밤하늘엔 별 하나 보이지 않고
땅 위의 기온만 급격히 내려가고 있습니다.

겨울 엽서·5

가벼운 눈도 없이
포근한 종소리도 없이
성탄절이 저문다.

하늘에는 미세먼지
땅 위에는 코로나뿐.

하늘의 축복 받은
환희의 새봄은
아직 멀었는가?

노시인의 절박한 노래는
하늘 끝까지 번지는데,

꽁꽁 언 땅은 말없이
떠나는 성탄절을 보낸다.

겨울 엽서 · 6

나, 젊은 시절
인생을 굵고 짧게
불처럼 살고팠던 때가 있었다.
어둠을 몰아내는 불,
한번 꺼지면 영영
어둠 속을 헤맬지라도
불같이 살고 싶던
젊은 날이 있었다.

그러나 지금은 어둠이 밀물처럼
다가오는 일몰의 시각,
나는 그냥 물같이 살고 싶다.
남은 세월 언제나
낮게 낮게 나보다 더 낮게
있는 듯 없는 듯
산 듯 죽은 듯
흙 속에 스며들어
자취를 감추어 버리는 물처럼
나, 죽은 척

나, 없는 척
살다 가고 싶다.

겨울 엽서·7
―빙벽

우렁차게 줄기차게
쏟아지던 물줄기가
한파 특보와 더불어
꽁꽁 얼어붙어 버린
흰색의 거대한 빙벽氷壁 앞에서
설레고 벅차지 않은
젊은 마음이 어디에 있겠는가?

그러나 천지에 마음 둘 곳 없어
응달의 계곡에 홀로 서서
황량한 겨울 빙벽과 함께
꽁꽁 얼어붙어 버린
노시인의 가슴은
언제나 풀릴 것인가?

1995년 《시와 시인》 등단. 시집 『관계, 그 제한적 용법』 외 11권. 여행 에세이 『아들과 떠난 유럽, 아들이 보인다』 외 1권. 경기문학인 대상, 홍재문학상, 수원예술인대상(인문 부문) 외 다수 수상. 국제펜 한국본부 이사. 경기펜 사무처장. 한국문인협회 문화선양위원. 수원문인협회 부회장. 표암문학회 회장. 문학과 비평 기획국장

사랑으로 존재한다
뱀 주사위 놀이
숨은 그림 찾기
슬픈 인사
아웃사이더
거울 속 너는 누군가
슬픈 자화상, 천경자

이 상 정

사랑으로 존재한다

나의 사랑이 불같이 타올라
얼빠진 듯이, 미치도록
사랑의 제단에 목숨을 바치려 한다
그렇게 제멋대로 와서
그렇게 허망하게 스러질지라도
서로에 의해서 서로를 위해 관계를 이루는
수소가 산소를 만나 물이 되듯
나도 없고 너도 없는 우리
모차르트의 바이올린 소나타 2악장이 흐른다
피아노 없는 바이올린도
바이올린 없는 피아노도
나 없는 당신도
당신 없는 나도
서로가 다르기 때문에 아름다운
황홀하게, 뜨겁게, 넋을 잃은 듯
설레는, 타오르는, 사무치는, 울어 지친
순간들마다 달라지는 색채와 결
오늘 너를 향해 나의 문을 연다
나는 사랑한다, 그러므로 존재한다.

이상정

뱀 주사위 놀이

두 개의 주사위를 던져 놀던 어린 시절
운수 좋으면 고속도로를 타고 잘 나가고
재수 없으면 뱀을 타고 나락으로 미끄러지는
주사위는 던져졌다
불행하게 태어나 바보가 되는 것
가난하게 태어나 사랑을 잃는 것
못생기게 태어나 늙는다는 것
그들이 예수를 십자가에 못 박은 후
예수의 옷을 주사위를 던져 나누고
우연하게 보이는 현상들 속에서
필연의 법칙을 발견하려는
우연히 지배하는 혼돈의 세계
신은 주사위 놀이를 하지 않는다
무작위로 단어를 배열하여 인생을 만든다
보라, 이 세상 자체가 거대한 숨은 그림이다
필연은 속박이고 우연은 자유이다
오늘도 자유의 주사위는 던져졌다

숨은그림찾기

어릴 적 소년 소녀 동아일보에 짤막한
이야기가 딸린 삽화에 빗자루 다리미 장화
구두 모자 얼굴 손 등 그림 속에 숨겨 둔
숨은그림찾기에 시간 가는 줄 몰랐다
그림을 훑어보다 숨은 그림을 찾으면
동그라미를 잽싸게 쳐 놓곤 했다
꼭꼭 숨었다가 한참 지나야 모습을
드러내는 숨은 그림
어찌하여 형제의 눈 속에 있는 티는 보고
네 눈 속에 있는 들보는 왜 못 보느냐
예수의 말씀이 순간 뇌리를 스친다
눈은 내가 보는 것 속에서
남이 보지 못하는 것을 본다
죽음의 나락에서 건져 영원한 생명을 주시는
그분의 얼굴은 어디에 숨어 있나요

슬픈 인사

그녀가 갑자기 죽은 것이다

그녀의 친구들이
이구동성으로
당신의 사람됨에 동의한다

착했고 친절했으며
팔자가 좋은 사람이었다고

박자나 화음은 맞지 않았지만
슬픈 곡조로 진실의 눈물을 보인다

조문을 끝내고 나온 그녀 친구들은
서로 포옹하며 운명의 여신이 자기를
비껴간 것을 안도하며 있을 때

스산한 바람이 친구들의 스카프를
헝클어뜨린다, 운 좋게 살아남은
지금 이 순간

아웃사이더

늘 아웃사이더였지
잘난 것도 없고
자랑할 것도 없는
사회 속에서 사회 밖으로 추방된
너희 중에 누구든지 이 세상에서
지혜 있는 줄로 생각하거든
어리석은 자가 되라는 말에 위안 삼으며
당나귀를 타고 예루살렘에 입성한
유대인의 왕 예수를 생각하며
내 생각에 약간의 광기를 섞고
알맞게 헛소리로 권위를 조롱하며
권세의 무상함을 노래하리니
헛소리 속에 불꽃처럼 스치는 진리
알듯 모를 듯 말도 안 되는 소리로
무표정한 얼굴로 세상을 바라보는 삐에로
웃음 뒤에 감추어진 저 멜랑콜리

거울 속 너는 누군가

화장으로 얼굴 표면을 덧씌우고
명품으로 신체 표면을 덧씌우고
성형수술로 신체 구조를 바꾼 너는
더 이상 네가 아니다
허상일 뿐
자신이 되고픈
이미지로 짜깁기한
꾸며져 남에게 보이는 너는
더 이상 네가 아니다
니체의 광기처럼
햄릿의 절규처럼
미셜 푸코의 말처럼
너는 해체되어야 진정 너다
자연으로 돌아가자, 자연으로

슬픈 자화상, 천경자

지워지지 않는 슬픈 전설
영혼한 나르시스트, 고독의 방랑자
한 손에 담배를 들고
가슴엔 가시장미를 안고
머리엔 뱀을 화관처럼 쓰고
우수의 찬 눈빛으로
열대나무에 앉아
카리브 해안으로부터
불어오는 바람을 마신다

오똑한 코, 뾰족한 턱, 치켜올라 간 눈초리
가늘고 긴 손가락을 한 여인의 눈망울엔
우수가 가득하다

표피 무늬 옷을 입은 무희의 무표정한 얼굴
현란한 조명 아래 흔들리는 장신구
부엉이처럼 울고 있는 아코디언
역동적인 춤사위는 뱀이 허물을 벗듯
새로운 생을 갈구하는 나르시스트

1996년 월간 《문학공간》(조병화 시인 추천) 등단. 시집 『비밀한 고독』 외 다수. 문학공간상 본상, 세계문화예술대상, 한국문학비평가협회상, 경기도문학상 본상 외 다수 수상. 국제PEN 한국본부 이사, 국제PEN 한국본부 경기지역위원회 부회장. 한국문화예술연대 부이사장. 한국문학비평가협회 부회장. 한국현대시인협회 이사. 한국경기시인협회 이사. 서울시인협회 이사, 수지문학회 부회장

겨울 풀잎·1
겨울 풀잎·2
겨울 풀잎·3
달의 연서
외로움은
큰 복
깨끗하게 하옵소서

조덕혜

겨울 풀잎·1

하얀 겨울 마른 풀잎은
왜냐고 묻지는 말란다.
잠시 머무는 간이역인가 했는데
다신 돌아갈 수 없는 종착역이란 걸
벌써 너끈히 알아차린 게다.

엄동설한엔 운명처럼
살얼음 흰 눈을 이고 진 풀잎은 섧다
그런데 왜 거기에
사랑을 위해 손발이 닳다 가신
울 엄마의 가는 눈썹이 시들시들 누워 계신지

겨울 풀잎 · 2

한때
시절 좋은 누구의 기름진 사랑이
흔적도 없이 윤기 잃은 지 오랜,
여리여린 가슴팍이
찬 서리에 멍든 채
하고픈 속말조차 고개 숙인
겨울 풀잎은 주름진 살갗 사이사이
허망하게 사라져 간 애증처럼
한생의 세월을 뒤로하고
오늘도 또
우주는 왜 일몰을 재촉하는지
물끄러미 차가운 하늘만 이고 있다.

겨울 풀잎 · 3

꿈이 어찌 없었으랴
하늘로 날리던 싱그런 초록 꿈
하늘 빛 가득 머금던 기쁨도 안다
해맑은 이슬방울의 보드란 애무도 안다
꽃샘바람도 폭풍우도 안다

조각난 바람의 결을 찾아
퇴색한 세월 바람을 쐬며
시나브로 그 꿈 다 내리고
넙죽 엎드린 지체
가슴 설레던 초롱 눈빛은 아예 없느니

아, 일찍이 깨달았구나.
하늘 말씀의 진리를
"한 알의 밀이 땅에 떨어져
죽지 아니하면 한 알 그대로 있고
죽으면 많은 열매를 맺느니라."※

※요한복음 12장 24절에서 인용함

달의 연서

내 평생 지구바라기
지구별은 나의 태양
그대 없인 난 못 살아요
그대의 낮엔 그대의 밤을 위해
나는 한나절 내내 단장하고
그대의 밤을 기다리지요

그대의 숨결이 여린 밤이면
나는 저만치 비켜 눈을 감은 그믐이다가
그대의 숨결이 세찬 밤이면
나는 수줍도록 눈을 동그랗게 활짝 뜬
눈물 그렁한 화사한 보름달로
짝사랑 붉은 가슴 찬란하게 설레지요.

외로움은

물은 흘러야 하리
조금씩이라도
어떻게든 흐르고 흘러야 하리
한 줄기 흐르지 못해
뚫리지 못해 갇힌 웅덩이
고작 악취만 나는 잡균의 집

마음도 흘러야 하리
흘러야 할 곳으로
흐르지 못한 마음 한줌 땜에
닫힌 영혼의 웅덩이
걸핏하면 얼어붙어 저절로
제 얼음 칼에 베이고 마는 상흔의 집.

큰 복

하늘의 별처럼
바다의 모래처럼
헤일 수 없는 복을 지어 놓으시고
어서 어서 듬뿍 나눠 주시려고
간절히 기다리는 분 계신다네.

모름지기
큰 복은 큰 그릇이 받을 터
암흑의 긴 터널을 지나며 검은 눈물 말리고
꽃처럼 웃는 자는 누구일지

영영토록 변치 않는 생명의 말씀
그 소금 눈물로 빚어진 큰 사람,
큰 그릇엔 큰 복이 차고 넘친다네.
전신갑주의 복이 겹겹이 쌓인다네.

깨끗하게 하옵소서

아는 죄, 모르는 죄
세상의 죄가
내 안의 죄가
덕지덕지 붙었습니다.

날마다 잡초처럼
돋아나는 끈질긴 죄에게
포로 되지 않고
종노릇하지 않길 원하오며

언제 어디서 무엇을 하든
나의 보이지 않는 죄가
어떤 이의 보이지 않는 죄가
나를 다스리지 않게 하옵소서.

깊은 산 옹달샘처럼 해맑게 흐르며
산새처럼 아름답게 말하길 원하오니
간청하옵건대
오직 선한 주의 손으로 깨끗하게 하옵소서.

2002년 계간 《시의 나라》 등단. 시집 『노래의 빛』, 『외나무다리 저편』, 『말을 걸었다』, 『데카브리스트의 편지』 외 다수. 진주보건대학교 초빙교수

수선화
안부
은하에
연등빛 저녁
낙화
서성이는
까마중

도경회

수선화

보고 싶었어

추위에 떨고 있는

움직임 굼뜬

수줍은 언어

긴긴 순례 끝에

심장이 불처럼 타올라

천상의 꽃송이마다

호롱불 혀고 앉아

꼭두새벽

두루마리 편지를 쓴다

안부

별샘에 한 줄기 심지를 담그고
하늘에 빌어 올리는 손이

앞날에 씨 한 줌
뿌리고 있다

부푸는 땅 들숨 날숨
용머리 꿈틀거리는 매화등걸에
순정한 숨을 열어
어느덧 가지 부드러워지고
꽃잎 돋는다

환히 떨리는 빛 부푸는 땅에
잔설이 울궈내는 매운 꽃

저 멀리 새가 날아간다

은하에

너풀너풀 불을 뿜는 황룡과
흙내 나는 금빛 송아지와
이슬빛 깃 고운 백학이
혈맥 맑은 한지에 싸여
깜빡깜빡 밤새 피고 있다

얼레의 연줄 모두 풀어
보름달 솟을 때
은하수 물빛 어린 연인들
심장 소리 듣고 싶어
까막까치들 다리를 놓는가

강마을
더운 목숨 지키느라
늘 창끝 세운 대나무
달빛이 와서 감기고 있다
성큼 가을이 와서
칠석날 자지러지던 것들
물 건너간다

발이 묶였던 나
한 송이 수련이 되어
젖빛 은하수 저 아득한 물결을
건너갈까 한다

연둣빛 저녁

아이들이 소를 몰고
강으로 들어간다

저 멀리 들을 안고 도는 강
깊은 물에 혼을 씻는 무명나비
나래도 빛나는 은나비

겨울 가고 봄 무르익어
송사리 떼 까맣다 흩어졌다 한다

험한 세상 다시 살아가자고
한 옥타브 올라가며
숨통을 열어 주는 새소리

어느새 날이 저물어
하늘 무논에
치자꽃 한 무리 백로로 쏟아진다

낙화

정화수 한 사발에 소망을 바치던
분세수 곱게 한 여인
구름을 지나 바람도 지나
하늘 밟아 오르는가

사운거리는 다홍빛 스란치마
울고 새운 밤의 흔적
테 둘러져 있는지
송이마다 별무늬 나란한 문신 빛난다

처음 만났을 때
입 가리고 웃기만 할 뿐
깊이를 헤아릴 수 없는
두량못 눈동자에
반딧반딧 반딧불만 날았다

아련하고 저릿한 저 자장 속으로
나 성큼 들어서면
이런 서툰 몸짓 밖에는

징표 삼을 일 없다는 듯
진저리나도록 도도한 붉은 꽃송이
툭 던져놓고 사라진다

서성이는

방죽길 짧은 저녁답
귀밑머리 연푸른 하현달

아무런 언약도 주지 못해
보조개 예쁜 끝임이

잊은 적 꿈에도 없어
하프의 낮은음 줄처럼 흔들리는 은하 물결

물주름에 피는 연 한 송이
얼굴 잘 붉히던 그 가시내

길쏨한 손가락에 누가
누가 풀꽃가락지 끼우고 있는가

산 그리메 지는 은발 쪽으로 숙여 오는
아직도 하얀 목덜미 가늘다

까마중

익은 것은 동생 주고
내 날숨은 짙은 풋내를 풍겼다

방학 끝나 난닝구만 입고 학교 갔는데
뒷내 남희도
밥풀 구멍 숭숭한 난닝구를 입고 왔더라
큰언가
살면서 순한 얼굴을 만나고 맑은 눈동자를 보면
그 애 만난 듯이
눈물 훔치며 돌아서곤 해

푸근푸근한 쌀밥을 고봉으로 올려 담은
고택의 큰 방
온습도가 잘 맞는지
흰나비로 포르륵 날아오르는 모태어

기우는 달을 베고
두메산골 긴긴밤을 길게 누워
고운 빛무리를 터뜨리고 있다

2010년 《문예춘추》(수필), 2014년 《고려달빛》 고려문학상 본상 수상으로 등단. 대통령 표창, 보국훈장 삼일장, 천수장, 국선장, 자랑스런 예비역상, 아시아 리더상 국방안보 대상, 코리아 파워 리더 대상 외 다수 수상. 국제PEN 한국본부 회원. 전 공군 참모차장. 전 주 레바논 특명전권대사. 민주평화통일 자문회의 자문위원. 사회공헌 다사랑월드 이사장. 공군발전협회 항공우주력연구원 원장, 재향군인회 공군부회장

바람은 길동무
연리지 사랑나무
비상飛翔
안개
하늘이 옷을 입었네

이영하

바람은 길동무

열린 창문으로 슬며시 찾아들어 와
무더기로 쏟아지는 세상사들을 들어보면서
나도 바람의 길동무가 되어 볼까나?

새벽을 깨우는
까치들의 희망찬 수다가
싱그러운 아침을 열고 있을 때,
그대의 머릿결을 살포시 스치었던 그 바람이
나의 길동무가 되어
지금 나의 가슴에 아름다운 향기를
적셔 주고 있구나.

햇살이 몹시 좋은 날,
행인들의 옷차림이 가벼워지고 있을 때,
나는 바람의 길동무가 되어서
눈을 감아도 방향을 잃지 않으며
좁은 골목길을 돌고 돌아
어느 빨랫줄에 조용히 머물면서
노스탤지어에 젖어 있는 대도시 어머니의

아들 사랑을 진하게 느껴 보고 싶구나.

세상을 살랑살랑 어루만지다가도
어느 새 몹시 화가 난 듯이
주변의 모든 것을 미친 듯 흔들어 대는구나.
때로는 도심의 가로수에 매달려 거친 소리도 내고
광고판에 매달려 지나가는 사람들을 불안하게 하며
시골 신작로에서는 흙먼지를 휘몰아쳐서
시야를 흐리게 하기도 하고
종잇조각을 어지럽게 흩날리게 하며
시골 장터의 할머니 좌판을 뒤집어엎는
행패를 부리더라도
나는 변덕쟁이 바람의 길동무가 되어
선한 친구가 되길 설득해 가면서
집시 같은 삶을 살아보고 싶구나.

좋은 친구 한 사람 만나기도 어려운 세상에
생각이 다르고 소통이 잘 안되어도
모든 것을 다 경청해 주고 이해해 주며

진정한 친구가 되어 주는 선량아,
나의 열정으로 흘린 땀을 식혀 주려고
나의 참지 못하는 졸음을 깨워 주려고
바쁘게 달려오는 바람아! 내 친구야!
오늘도 너는 나의 길동무가 분명하구나.

연리지 사랑나무

고향역을 막 떠난
향수 실은 밤 열차 안에서
손 한번 맞잡은 억겁의 인연으로
송두리째 나의 인생을 당신에게 내놓았습니다.
닳아지면서 부대끼고 엉키면서 하나가 되어
이제 떨어질래야 떨어질 수 없는
당신과 나는
한뿌리 한줄기 한 잎으로 숨쉬는
최상의 조합,
우리는 연리지 사랑나무입니다.

봄이 한창 무르익는 어느 날 밤
우연히 입술 한번 서로 포갠 후
나의 가슴 전부를 당신으로 채워 버렸고
당신이 삶의 이정표가 되어
꿈도 이상도 육신도 영혼도 당신과 하나가 되니
당신에게만 나의 온 마음을 다 주는
묵묵하지만 치열한 생명력으로
눈을 감고 있어도 그 모습이 아른거려

마음이 온통 그리움으로 채색되는
우리는 연리지 사랑나무입니다.

어느 한 몸 죽더라도 그 고통 함께 하는
배려와 희생을 배워
일생 동안 숭고한 사랑의 세레나데를 연주하며
내가 좋아하는 모든 것을 다 내어 주고
살아 있는 숨소리에 서로가 감사하는
하나된 사랑, 지고지순한 사랑,
우리는 연리지 사랑나무입니다.

이 세상 각자 태어나
그 귀한 인연 어디메서 찾아왔기에
저리 저렇게 온전히 한몸이 되었을까요.
어디서 끝이 날지 모르는
여정의 길에
말이 통하고
생각이 같고
눈빛 하나로 마음이 교감되는

당신이 있어 행복합니다.

이제는 더 이상
독립과 종속의 굴레에서 고민하지 않으렵니다.
당신의 뜨거운 열정으로
생로병사의 의미들을 배우며 가렵니다.
내 마음속 깊은 사랑 변치 않도록,
하나이면서 둘이고, 둘이면서 하나인 신비한 사랑을
지켜가는 파수꾼이 되고자,
결코 꺼지지 않는 등불 하나 되렵니다.
녹슬어 가는 생명의 광주리에
사랑받는 축복으로 가득 채워 주는 이 순간,
당신과 한몸으로 살아가는 이 행복
진정 살맛난다 말하렵니다.

비상 飛翔

너에게 날아가련다.
무겁고 지저분한
세상의 모든 때들은
다 씻어 버리고
온전한 날개만 가지고
너에게 날아가련다.

욕심도 버리고
온갖 편견도 버리고
그냥 예쁜 마음으로
너와 마주 앉아서
딱 한 가지
너만 느끼고 싶고
너와 나의 진한 사랑을 예찬하고 싶다.

나 이제
너에게 가쁜 숨결로
그러나
가볍게 날아가고 싶다.

안개

안개, 그대가 나타나면 세상이 갑자기 변한다.
하늘과 땅이 모두 다 그대 품 안으로 사라진다.
지상의 모든 불결한 것도 꼴불견도 에누리 없이
자취를 감춘다.
그래도 변하기 전 모습이 그립다고 말하기 전에
세상을 다시 되돌려 주는
안개, 그대는 자비의 화신이다.

안개, 그대의 위력으로 길을 막고 시야를 가려도
답답할 뿐, 불평하거나 원망할 수가 없다.
피어오르는 기세를 꺾고 싶어도, 잠겨드는 지역을
바꾸고 싶어도, 실체가 없는 그대의 마음을 조금도
돌릴 수가 없구나.
시간에 쫓겨 먼길을 빨리 가야 하는 여행자의
조바심을 그대는 아는지 모르는지?
안개, 그대는 바쁜 여행자들의 선한 길잡이가 아닌가?

안개, 그대는 신비스런 마법으로
세상 사람들의 낭만을 생산해내고 있다.

메타세쿼이아보다 더 키가 크고, 김제 평야보다 더 넓
으며
백록담보다도 더 깊은 그대의 영역에서
많은 시인들의 아름다운 시가 탄생하고 있다.
안개, 그대는 시인들의 명품 산실이 분명하구나.

하늘이 옷을 입었네

하늘이 파란 옷을 입었습니다.
봄가뭄이 와도, 꽃샘추위가 와도
옷을 갈아입지 않더니만
황사가 몰려오니
누런 황색 옷으로 갈아입고 맙니다.
아지랑이 봄날에
청춘의 기운이 용솟음치고
종달새가 제철을 만나
창공을 향해 날아오르면
하늘은 진한 파란색 옷으로
그들을 넓게 품어 줍니다.
훈풍이 사랑스럽고 부드러운 숨결로
봄을 노래하고 있을 때,
하늘은 파란 옷자락을 나풀거리며
〈봄의 소리 왈츠〉를 연주합니다.

6월 하순 장마가 시작되면
하늘은 짙은 회색빛 옷으로 갈아입고서
그간 찌들었던 세상의 때를 빨아내기 위해

연일 물세례를 퍼붓습니다.
세찬 소나기가 그치면
하늘이 두줄 7색 무지개 옷으로 갈아입고
어린이들의 마음을 설레이게 하여 줍니다.

세월이 흘러
친고마비의 계절이 다가오면
하늘은 다시 짙고 깨끗한 파란 옷을
꺼내어 입습니다.
많은 사람들에게
청명한 하늘을 올려다보며
힐링과 희망과 낭만을 불러 일으켜서
너도 나도 세상 여행을 떠나게 해줍니다.

삼한사온이 삼한사미로 전형화되어 버린
겨울철이 다가오면
하늘은 주기적으로 자주 옷을 갈아입는
변덕쟁이가 되어 버립니다.

사람들은 오늘도
정갈하게 파란 옷으로 갈아입게 될 하늘을
마냥 그리워하며
하늘 옷을 마음속에 채색하면서
호수 같은 마음으로 살아갑니다.

2016년 《한국시학》 등단. 시집 『하룻강아지의 꿈』. 전 국어교사

마정산馬井山 꼭대기 샘물 되신 이여
그 카페에선 사람 냄새가 난다
불면증
나는 더 이상 젖지 않는다
다시 태어난다면

유경희

마정산馬井山 꼭대기 샘물 되신 이여

이렇게 얄팍한 내가 밉지만
나는 당신 가신 슬픈 가을이
어서 오기만을 기다립니다

스무 살,
젊은 청년이 짊어지기엔 너무도 버거웠을
'아버지' 라는 이름의 긴 세월

찌는 여름엔 시원한 그늘이 되고
찬 겨울엔 따뜻한 바람막이가 되고
그리고, 그리고
종내終乃, '아낌없이 주는 나무' 든든한 버팀나무가 되어
우리의 곁을 지켜주셨던 당신

생애 달력에서 자취 없이 사라져 버린 지난 일 년
우리는 차마 당신의 부재를 인정하지 못한 채로
2020년 10월 22일부터 이날에 이르기까지
하루하루를 세어 가며 힘겹게 살아왔습니다.

훗날 당신과 재회할 그날이 올 때까지
당신 향한 애끊는 그리움과 절절한 이 마음
끊임없이 이어지고 또 이어지겠지요.

슬픈 가을 오면 우리는 당신이 계신 곳
마정산馬井山 정상으로 달려갈 것입니다.
늘 그러하듯 '유목상 다마소' 대리석 묘비는
그날도 따뜻하고 포근하겠지요
두 팔 벌려 반겨 주실 우리 아버지 넉넉한 품이니까요

나이 먹은 자식은 당신 곁에 누워도 보고
대리석 묘비에서 활짝 웃어 반기실
당신 얼굴 어루만지다 울다 웃다
"아부지, 아부지" 큰 소리로 부르다
당신과 함께한 반세기 넘는 세월이
우리 생에 얼마나 유의미했고 행복한 나날이었는가
깨닫고, 느끼며, 깊이 감사하겠죠

마정산 꼭대기 달디단 샘물 되신 이여

그러나 이제 용띠의 당신 홀로 남긴 채 돌아설 때도
통곡하지 않으렵니다, 눈물 보여 슬퍼하지 않으렵니다
당신이 이곳에 남긴 여러 인연처럼 당신도 마정산의 샘
물이 되어
높고 푸른 하늘 영롱한 햇살이 새 인연으로
홀로 남은 당신 외롭지 않도록 사계절 내내 함께할 테니
결단코 눈물 보여 슬퍼하지 않을랍니다

그 카페에선 사람 냄새가 난다

서울을 뜨고 버릇 하나가 생겼다
아니, 생긴 게 아니라
이 나이 되어 사춘기 소녀적 버릇이
외로움을 타고 스멀스멀 부활했다

사람이,
사람의 냄새가 간절히 그리울 때면
낯익은 길 따라 돌고 도는
허름한 시골버스 한 자리에 몸을 싣는다

논인가, 밭인가 벌판을 지나
강물까지 이를 수 없는 작은 내(川)를 건너서
산책로처럼 정겨운 산길의 종점
몇 호 남은 마을에 소박한 카페 하나 있다

한때는 이곳도
번듯한 이름 내건 간판도 있었겠지
여기저기 나선 모양의 거미줄
시간이 쌓은 먼지탑

'7080 라이브 카페' 흐릿한 네온사인만

주인도 나이 들며 게을러진게지
라이브커녕 "삑삑" 잡음 실은 LP판에선
사람과 나무 '쓸쓸한 연가' 만 흘러나와

그래도, 그래서
이곳에선 그리운 사람 냄새가 난다

불면증

밤 열한 시

오늘도
경건한 의식처럼
침대 모서리각 비틀림 없이 맞춘
정갈한 이불 위로 지친 육신을 누인다

잠자리에 든다
이제 잠을 자야 한다
마땅히 잠이 들어야 한다

오늘 역시
초침도 시침도 없는 디지털 시계에선
시간의 소리가 "재깍재깍" 들려온다

세상의 고통 다 짊어진 사람처럼
나아가,
세상 모든 것에 귀 기울이고
해결해야 할 전지전능의 신처럼

한밤중 삶의 무게가 무겁다

속 시원한 '해답 없음'을 이미 알건만
이 생각에 저 생각이
꼬리를 물고 눈덩이처럼 커져
허상의 기우杞憂는
아픔으로 슬픔으로 천만 가지 번뇌로 이어져

한 방울의 혈액
'재깍재깍' 무성의 신호 따라
리트머스 시험지 온데만데 번져 가듯
아,
지긋지긋한 불멸의 이 밤이여

검푸른 새벽을 지나
오늘의 새 해가 또다시 뜨고 있다

나는 더 이상 젖지 않는다

시리도록 코발트블루에
뽀얀 양털 무심히 흩어놓은 듯
이젠 살 것 같은 청량함에
가을 하늘 우러를 무렵
문득 앞산과 뒷산이 만나는 골
암울한 그의 그림자

구미구미 흑빛의 돌덩이가
바윗덩이로 뭉치는가 싶더니만
머엉한 내 눈망울 위로 한 방울이 툭!
또 한 방울이 툭! 할 때서야 정신을 차리고
나는 달린다,

가을비에 축축이 젖어 선뜩한 한기에
머리에 두 손 얹어 미친 듯이 내달려도
나의 다리는 속수무책
마음의 속도를 따라갈 수가 없어

툭…, 툭.., 툭., 툭툭툭, 후두둑, 쏴아…

이젠 아예 초침 간격조차 허락하지 않는 장대비

어차피 피할 수 없으니 흠뻑 젖어도 된다
마음 따라 종종대는 불가능의 육신을 보듬고
당당하게 비를 맞아도 된다
이판사판 나는 이미 젖었다
온통 젖은 나는 더 이상 젖지 않는다

다시 태어난다면

다시 태어난다면,
손孫에 연연하던 우리 할머니 서운하지 않게
튼실한 뭐 하나 단 건장한 손자로 태어나기를

다시 태어날 수 있다면,
명命이 아주 긴 양친을 만나
'보라, 내겐 누구도 해치 못할 든든한 뒷배가 있노라'
먹을 만큼 나이 먹어도 어머니라는 이름의 큰 힘
그 힘 하나만으로도 이 풍진 세상
눈치코치 안 보며 살아가는 당당한 자식으로 태어나기를

내가 다시 태어난다면, 다시 태어날 수 있다면
올지 안 올지도 모를 먼 미래 서둘러 대비하느라
지친 몸과 마음의 신음 외면한 채 지내온
가혹한 시간을 되돌려
꿈틀대는 욕망에 웅대해 주고 너그러워지기를

다시 태어난다면,
아니, 지금의 나를 바꿀 수 있다면,

어쭙잖은 윤리 도덕 척도로 오직 내게만 인색해
인생 교과서 몇 페이지 같은
지난 세월 고된 삶일랑 훨훨 날리고
표리부동한 이타주의에서 뻔뻔한 이기주의자 되어

이제 내가 변하여
작은 간덩이에 소심한 심장 바위처럼 크고 단단해져
타인 한마디에 천국과 지옥 오가지 않고
칭찬의 갈구에서 벗어나 미움받는 나르시스트가 되기를

다시 태어난다면,
내가 변할 수 있다면

2016년 《시사문단》 등단. 시집 『살포시 그대 품에 안기고 싶다』.
한국경기시인협회 회원. 경영학 박사. 전 서원대학교 교수(겸임).
전 오산대학교 교수(겸임). ACS 관세사무소 대표관세사

백일홍 사랑
퇴직 공직자 단상
몽골리아
바람막이
우리 마을

조 국 형

백일홍 사랑

목백일홍 꽃나무에
보이지 않던 실가지들
눈에 들어오기 시작하더니

어머! 어머!
칡넝쿨 담 넘어가듯이
꽃몽우리 피어오르기 시작하더니

분홍색 꽃 한 송이
첫 새벽에
하늘을 향해 몸을 열었네

순간의 기다림 속에
살포시 다가온
숫처녀 같은 순결이여

된장 풀어 논 물고기처럼
백일 동안 한껏
취해 보려 한다네

퇴직 공직자 단상

거울에 비추어진 모습
얼마 전 그대로인데

실개천 바람결에
하늘하늘 이름 모를 꽃들
모가지의 흔들림도
이제는 보이고

리모컨으로 채널을 돌리듯이
부재중 통화와 문자 메시지를
습관처럼 만지면서
어제와 오늘을 되새김질한다네

지난밤 장맛비에 씻겨 떠내려간
나뭇가지들처럼 벌써
저만치 앞서가는 분주한 마음

좁아지는 차선처럼
작아지는 가슴 안으로
여름 열기 가득하다

몽골리아

칭기즈 칸의 후예들이 살고 있는 곳

비에 젖은 청동의 기마병은
그 옛날의 영광을 기억하려는 듯
저만치 먼 바위산을 응시하고

땅 길이 반도의 흙길과 다르지 않고
산림이 지리산에 뒤지지 않는
가깝고도 먼 나라

내 엉덩이의 검은 몽골반점 하나
먼 옛날 그대와 나는 피를 나눈
형제였던가

어둠으로 접어드는
이국의 풀내음 속에
하늘에 좀 더 가까워진 초원

삼신나무 빨간 깃발

칸의 후예들이여

훨씬 더 커 보이는 능선 위의 초승달
내 뺨을 스치는 소리 없는 밤바람

엷은 하늘은 검은 산색에 급히 녹아들고
먹물로 도배한 하늘엔
하나둘씩 제 모습의 수줍은 별님들

그 속으로 옛적
아낙들의 말소리도 말려 들어가는

어둠 속에
깨어 있는 대지의 숨결이여

바람막이

달빛이 밤하늘을 보듬는 새벽 시간
어둠을 헤쳐 가며 아내와 함께
산을 오르다가

부부의 인연을 맺은 첫날부터
치맘라야 산을 넘나드는 세르파처럼
저만치 앞서서 나를 인도하는
아내의 뒷모습을 보니

굴곡 많은 인생의 동반 길
내가 누리는 이 호사스러움은
바람막이의 삶이 있었기 때문이리라

날이 밝아 오니
아내의 가족 사랑처럼 따사로운
아침 햇살에
이마의 땀방울 따사롭다

우리 마을

안성의 배태리라는 동네에
아무런 연고 없이 흘러와
13년을 살고 있다네

나는 여기가 좋다네

탁 트인 공간이 가슴을 시원하게
해주어서 좋고

상큼한 공기는
맑고 가벼운 구도자의 마음이 되라 하고

소나무 가지에 걸터앉아 있는
달님의 인사 정겹고

물처럼 아래를 보고 살라는
호수의 속삭임에도 귀 기울이며

저녁노을 보며 하늘과 이야기

나눌 수 있어서 평화롭고

사람을 재단하는 고무줄 같은
인간 잣대가 없어서 좋다네

그러나 무엇보다도
농익은 아내의 깊은 사랑 때문에
더욱더 좋다네

1997년 《한국디자인포럼》(예술비평), 2010년 《부산시선》, 《한국시학》 등단. 저서 『박학한 무지』, 『예술의 혼을 담다』, 『민병일 컬렉션』 외 다수. 부산광역시문화상, 봉생문화상, 해운대문학상 외 다수 수상. 한국문인협회, 한국시인연대, 한국경기시인협회, 부산시인협회 회원. 해운대문인협회 명예고문

봄 동무
누나
입동
시온의 노래
유월의 창
초록 벤치
나를 사랑하느냐

민 병 일

봄 동무

밭이랑 물결 따라 종다리 신이 나고
솔솔 부는 봄바람 어깨춤을 추는 들녘에
청보리밭 꽃부리 속 깜부기 입칠을 하고
소리 질러 뛰어가는 내 동무야
어느새 햇살도 중천에 머무는데
뻐꾹뻐꾹 얼굴 감춘 뻐꾸기의 울음소리
영산홍 향기 활활 산천을 휘감는다

누나

아카시아 향기가 굽이치는 오월 아침에
이슬이 꽃잎에 구른다
불현듯 떠오른 누나의 눈빛 속에
지울 수 없는 세월 실타래를 푼다
다정하게 맴도는 꽃잎새의 추억이
연둣빛 새순마다 잔잔한 미소 속에
하냥 눈 감고 나서도 고향길이 환하다

입동

찬바람 몰아치고 눈 시리게 밝더니
하얀 봉오리 하나 그림같이 피었다
생명을 사르듯 순결한 송이마다
몇 겹 터진 입술은 하늘을 향한다
고요한 시간 속에 곱게 싹튼 영혼은
시린 계절 꽃잎으로 맺힌 사연 하나
황금 햇살 속 향기로 풀어 헤친다

어느새 잊은 듯 국화 피는 이 아침에
다가서는 숨결 속 그대 앞에 머문다

시온의 노래

사치한 낮은 지나고
스산한 파장의 일몰에 서면
비 오는 강가에 어둠을 건다
우울한 영혼은 먼 지평에 와 닿고
일렁이는 버드나무 가지 사이로
수금은 바람결에 걸려 있고
영혼은 어제보다 더욱 침몰한다

지난날 조급의 입놀림은 빛바랜 수사 되어
재간 없는 가슴속에 침묵하고
수천의 고난은 가없는 강가에서
서럽게 날개 속에 파고든다
부평 같은 날 지나고 약속의 새 언약을 받으면
속절없는 세월 뒤로하고
내 돛배 하나 띄워 마중하리라

지금 나는 바빌론의 강가에 앉아
시온을 그리며 한없이 울고 있다

유월의 창

작약 향기 실려 오는 유월의 창밖에
초동의 세월이 꽃잎 속에 구른다
눈빛 주며 떠난 바다 건너 나성羅城은 아득한데
불현듯 떠오른 누나의 순결한 음성은
향기 품어 내 귀에 이명으로 찾아든다

칠부 적삼 끝동의 곱디고운 손마디는
지난날 초록 칠판에 하양 분필을 긋고
풍금 소리 운동장에 여울지어 퍼지는데
눈감고 나서도 다정한 누나의 교실은
아직도 그곳에 유월의 창을 열고 있다

초록 벤치

숱한 생각들
초록의 벤치에 앉으면
연연한 창공 속 조각구름 사이로
솔바람 타고 오는 먼 추억 하나
한줄기 빛이 되어 흐른다

여태껏 맴도는 추억은
서사시 한 편 되어 머리에 이고
바다 마음 끝에 만나서
여일은 햇살 속으로
청아한 아리아 되어
아득한 바다 위로
속절없이 퍼져 간다

나를 사랑하느냐

조반을 물리신 후에 인자*께서 물으셨다
너는 나를 사랑하느냐
그럼요 주님을 사랑합니다
그러면 나의 양을 잘 돌보거라

다시 묻겠다
나의 종아 정말로 나를 사랑하느냐
예 제가 주님을 사랑합니다
그러면 나의 양들을 잘 키우거라

인자께서 세 번째로 내게 물으셨다
나의 종아 진정 나를 사랑하느냐
자꾸 물으시면 저는 슬픕니다
제가 주님을 사랑하심을 아십니다

그럼 왜 아직도 청종하지 못하느냐
네가 아직은 허리띠를 맬 수 있어도
머지않아 남이 허리띠를 묶어 가리라
편만치 못한 세월이 머지않았느니라

인자의 영광이 하늘나라에서 이루어질 것을
숙맥같이 아직도 모르고 있구나

※인자人子: 예수그리스도 자신을 일컬은 말

주소록

셋동인 주소록

셋동인 주소록

정순영	14061	경기도 안양시 동안구 학의로408번길 13, 117동 1306호(인덕원대우아파트푸른마을)
정태호	16495	경기도 수원시 영통구 광교로42번길 80, 101동 1505호(이의동, 광교아르데코)
주광일	06635	서울시 서초구 사임당로17길 90, 102동 302호(서초롯데캐슬84)
이상정	16223	경기도 수원시 영통구 웰빙타운로 20, 8314동 404호(이의동, 호반가든하임)
조덕혜	13552	경기도 성남시 분당구 대왕판교로 155, 102동 302호(금곡동, 더 헤리티지)
도경희	52656	경남 진주시 상봉대룡길 18, 101동 809호(상봉동, 화인아파트)
이영하	12787	경기도 광주시 태전동로 54, 1518동 501호(태전동, 힐스테이트 태전)
유경희	05340	서울시 강동구 천호대로 1077, 101동 1501호(래미안강동팰리스)
조국형	17514	경기도 안성시 삼죽면 덕산호수길 91-6
민병일	48089	부산시 해운대구 해운대로452번길 18, 101동 201호(우동, 대우동삼아파트)

발행 ㅣ 2022년 12월 27일
지은이 ㅣ 셋동인
펴낸이 ㅣ 김명덕
펴낸곳 ㅣ 한강출판사
홈페이지 ㅣ www.mhspace.co.kr
등록 ㅣ 1988년 1월 15일(제8-39호)
주소 ㅣ 서울시 종로구 인사동11길 16, 303호(관훈동)
전화 02) 735-4257, 734-4283   팩스 02) 739-4285

값 10,000원

ISBN 978-89-5794-519-3 03810

※저자와의 협약에 의해 인지는 생략합니다.
※이 책의 저작권은 저자와 본 출판사에 있습니다.